青少年时期的邓小平

刘秀中　编著

中国中福会出版社·上海

图书在版编目（CIP）数据

青少年时期的邓小平 / 刘秀中编著. —上海：中国中福会出版社, 2024.8.（2024.11 重印）— ISBN 978-7-5072-3790-0

Ⅰ．A762-49

中国国家版本馆 CIP 数据核字第 2024D4S613 号

青少年时期的邓小平

刘秀中　编著

总　顾　问	李俊霏
出　版　人	屈笃仕
策 划 编 辑	凌春蓉
责 任 编 辑	唐思敏
责 任 校 对	倪卓逸　胡佳瑜
责 任 印 制	钱　欣

出 版 发 行	中国中福会出版社
社　　　址	上海市常熟路 157 号
邮 政 编 码	200031
电　　　话	021-64373790
传　　　真	021-64373790
印　　　制	上海龙腾印务有限公司
开　　　本	787mm×1092mm 1/16
印　　　张	3.75
版　　　次	2024 年 8 月第 1 版
印　　　次	2024 年 11 月第 2 次印刷
书　　　号	ISBN 978-7-5072-3790-0/A・2
定　　　价	48.00 元

目录

02　第一章　广安之子

08　第二章　蒙童希贤

13　第三章　我是小小"革命军"

18　第四章　"毋自画，毋自欺"

22　第五章　全校高唱《满江红》

29　第六章　道别，启航

34　第七章　第一张工卡

40　第八章　《赤光》之下

45　第九章　"来俄的志愿"

50　第十章　"吊起脑袋干革命"

56　青少年时期邓小平 大事年表

第一章 广安之子

广安，位于四川省东部，古称赉州。据记载，在三千多年前，这里就有文明存在了。北宋开宝二年（969），取"广土安辑"之意设广安军，历朝历代均在此建府设州置县，广安由此得名。

这里风光秀美、人文荟萃。1904年8月22日，邓小平就出生在广安的一个农家三合院里。父亲邓绍昌按照邓家谱牒"以仁存心，克绍先型，培成国用，燕尔昌荣"的排辈，儿子属"先"字辈，为他取名邓先圣。当时，中国正处于半殖民地半封建社会的黑暗之中，遭受着帝国主义列强的欺凌和封建统治的压迫，社会动荡不已，人民饥寒交迫，民族危在旦夕。面对深重的民族灾难和激烈的社会矛盾，为改变中华民族的悲惨命运，无数仁人志士进行着艰辛探索和顽强抗争。

父母是孩子的第一任老师。邓小平的父亲邓绍昌，早年就读于成都法政学校，回乡后教过书，当过广安县团练局局长（相当于现县人武部部长）。由于受过新式教育，见过世面，他开明正直，思想进步，疾恶如仇，痛感清政府的腐败和帝国主义侵略者的横行。邓绍昌积极投身革命，在乡里受人尊敬，很有影响力。他曾在邓小平祖母戴氏、生母淡氏的墓门之上，亲笔撰写了一副联语："阴地不如心地，后人须学好

人。"这副警世之联,昭示了邓氏家族忠廉传家的古训,无形中教育后代做人要心术正,心气高,心眼好,做好事,积德行。父亲对邓小平的影响无疑是巨大的。

邓小平的母亲淡氏,出生于广安的世家大族。她勤劳善良、能言善辩,是一位远近闻名的贤妻良母。她先后生育了五个孩子,三子二女,长女邓先烈,长子邓先圣即邓小平,次子邓先修即邓垦,三子邓先治即邓蜀平,次女邓先珍(十岁时病死)。

　　由于丈夫常年在外谋事，整个家庭全由她操持，上要照顾年迈的婆母，下要哺育幼小的子女，洗衣、做饭、养蚕、缫丝、织布、养猪，把家里一切安排得井井有条。她虽然识字不多，却明辨是非，宽厚待人，乡亲们遇到难处她都竭力相帮，邻里之间发生口角她也能巧妙化解。母亲的许多美德对邓小平影响极大，邓小平和母亲感情很深，他多次回忆："那个家能够维持生活下去，全靠母亲。""我从母胎坠下来直到我十六岁出国时的生活都是过的很自由、很丰富的生活——贵公子的生活，我的父母之爱我犹如宝贝一般。"

　　幸福的童年可以治愈一生，邓小平在家乡生活的十几年时光里，父母的言传身教和地方文化的熏陶，养成了他沉着厚道、坚韧豁达的品格。

第二章 蒙童希贤

　　1909年，邓小平满5岁，父亲将他送到本村的翰林院子私塾读书。翰林院子距邓小平家约一公里，是邓小平同族先辈邓时敏的旧宅。邓时敏一生政绩斐然，刚正不阿，孝行彪炳，后来嘉庆皇帝敕建一座功德牌坊立于家乡。邓时敏书香耕读、忠孝两全的故事，在邓氏家族中不断传颂，影响着邓家的后世子孙。

　　私塾先生邓绍明是父亲邓绍昌的同辈，清末秀才。他认为，孔子尚且为圣，小小孩童怎可自称先圣，邓先圣这名字有对孔子的不敬之嫌，于是主张将邓先圣改名为邓希贤，希望他将来能成为贤德之人，邓绍昌也认可了。1927年，已经参加革命的邓希贤，因在白色恐怖中从事地下工作，为避免敌人注意，又将自己的名字改为邓小平。

　　在翰林院子念私塾，学生们主要是读课文、习字和作文，读的是《三字经》《百家姓》《千字文》等以识字为主的启蒙读物，然后是"四书五经"等。每当先生教读后，邓小平很快便能理解记忆并流畅背诵，很受先生喜欢。此外便是练习毛笔字。对写毛笔字，邓小平兴趣浓厚，勤学苦练，进步很快，先生就常常在他的字旁边画上一个圈。母亲问邓小平，这些圆圈是什么意思，邓小平回答道："表扬我的字写得好，是可圈可点的意思，同学们还把老师画的圈叫鸡蛋呢。"母亲看到儿子得这么多"鸡蛋"，十分高兴，就到厨房给他煮一个真鸡蛋吃，作为鼓励，那在当时算是奢侈的奖励呢。童年的邓小平既聪明好学又热爱劳动，学习之余，经常帮助母亲做一些力所能及的家务，照看弟弟妹妹，烧火做饭，采桑养蚕，是母亲的好帮手。

邓小平和同学们总是友善相处，从不恃才傲物、仗势欺人，他还时常主动帮助同学，共同学习，一道进步。邓小平的大字写得很好，常常得到先生夸奖。有同学经常因为字写得差受到先生批评和责罚，邓小平就利用放学时间，耐心帮助同学纠正笔画。同学的字有了进步，他们也成了十分要好的伙伴。

经过私塾一年严格的写字锻炼，邓小平的书法有了良好的基础，还给家里写春联呢。此后一生，邓小平都坚持练毛笔字，直到晚年他的字依然刚劲有力、气韵流畅，细品令人心旷神怡、回味无穷。

第三章 我是小小"革命军"

1910年,邓小平进入了离家约两公里的协兴场北山小学堂读书,开始接受新式教育。

北山小学堂,是协兴场的第一所新式初等小学堂,邓小平父亲邓绍昌是学堂的创办人之一。少年邓小平在这里接受了五年的新式教育。

北山小学堂当时有百余名学生，依入学先后，分甲、乙、丙、丁四个班，主要学习国文、算术、修身、国画、唱歌、手工、体操等课程。在这里任教的教师有刘星一、邓俊德等，邓小平的父亲也在这里教过课。从新式学堂的课程设置和教学内容来看，不仅取消了读经讲经课程，还重视学生在德、智、体、美方面的全面发展。

国文教师邓俊德，讲课不拘一格，把革命人士邹容的战斗檄文《革命军》选进课本，还将"梁红玉抗击金兵""岳飞精忠报国"等故事带到课堂，令年少的邓小平肃然起敬，一颗爱国济世的心逐渐萌芽。与邓小平同时期就读北山小学堂的还有胡伦、邓绍圣等一批优秀学子。

1911年，保路运动爆发，四川的抗争最为激烈。罢市、罢课运动风起云涌。6月底，成、渝两地的保路风潮传到了广安。广安各阶层民众纷纷加入保路运动的行列。"来日难，来日难……作难的日子是哪件？外国人占了财政路权。财政路权被他占，国民都要受熬煎。"这首《来日大难歌》，唱的正是四川人民长久以来经受的苦难。

　　北山小学堂教师也率学生上街声援保路同志会。学堂的墙上贴满了"反对出卖川汉铁路""打倒卖国贼"的标语，老师向同学们讲述保路运动来龙去脉，带着学生上街高唱《来日大难歌》，鼓动民众参加保路运动。如果老街的青石板有记忆，它们定不会忘记少年们懵懂却带着几分刚毅的脸。这给邓小平留下难以磨灭的记忆。

1911年10月10日，武昌起义爆发。起义的蜀北军背着从敌人手里夺来的来复枪，拿着红缨枪，背着大刀，抬着土炮，途经协兴场，队伍就驻扎在北山小学堂。学堂的教师胡光白和邓小平的父亲邓绍昌也参加了起义军的行动，还当上了小指挥官。在父亲的部队驻扎县城银顶山时，邓小平曾到父亲所在的革命军军营里住了两天。这是邓小平第一次体验"军旅"生活，他十分好奇和兴奋。

　　知识照亮未来、成就梦想。五年的学习时间，邓小平开阔了视野，增长了知识。在风雷激荡的岁月里，他同千千万万个中国少年一样，内心在震荡、在沸腾、在思索……

第四章 "毋自画，毋自欺"

　　1915年下半年，11岁的邓小平考入广安县立高等小学堂，在这里住校读书。

　　广安县立高等小学堂位于广安县城西北考棚巷，是在邓小平出生那年创办的，创始人是四川保路运动的领袖之一蒲殿俊。这里每年只招收两个班，每个班约二十名学生。比起初等小学堂，高等小学堂的纪律要求更严格一些，学生一律要求寄宿，邓小平每周只能回家一次。

邓小平总能把自己的学习和生活安排得井井有条。他还特别喜欢理化课和史地课。历史和地理课，给他打开了一扇认识世界的大门。从那时起，他酷爱读《资治通鉴》《三国志》等历史书籍，直到晚年，他还在读，是熟读通读。他也喜欢翻看工具书《康熙字典》等，尤其喜欢古今中外的英雄人物传记。也是从那时起，他养成了爱看地图的习惯。此后一生，无论走到哪里，邓小平必带两本地图册：一本是中国地图，一本是世界地图，到每个地方都要打开地图知道自己的方位。

当年，学校礼堂悬挂着楹联："毋自画，毋自欺，循序致精，学古有获；不苟取，不苟就，翘节达志，作圣之基。"这些传统文化，特别是"毋自画"的思想对邓小平产生了深刻影响。邓小平漫长的革命生涯中，那不断开拓创新的政治勇气蕴藏着深厚的传统文化底蕴。

在县立高等小学堂时，邓小平的班上曾发生过一件轰动广安城的事情——和邓小平关系特别好的同班同学李再标要割肝救母。李再标平时深受母亲宠爱，他对母亲也十分孝顺。母亲患上了重病，卧床不起，他十分焦急。由于他读了不少旧书，受封建礼教的影响较深，认为只要割下自己的肝给母亲熬药吃，便能治好她的病。为了表示自己的孝心，挽救病重的母亲，李再标决定割肝救母。这事被邓小平听说了，他带着几个同学连忙赶到李再标家，及时阻止了李再标的盲目行为。在问明事情的原委后，邓小平严肃地对李再标说："你是有点科学知识的学生，肝脏是药物吗？能治好你母亲的病吗？你割了肝后还能活命吗？既然母亲很疼你，她又重病在身，如果你因割肝而死，你母亲一定更伤心，加重病情，你想治疗母亲的病结果却适得其反。"邓小平这番直率的话入情入理，说得李再标低头无语。接着，邓小平又耐心地安慰道："再标，你也是读新学的学生，要相信科学，今后再不要做这样的蠢事了。你还是先请几天假回家，请医生给母亲治治病，好好照顾她老人家，这才是你做儿子的真正孝心。"李再标幡然醒悟。邓小平破除迷信、能言善辩，开导李再标的事，被师生们传为佳话。

第五章 全校高唱《满江红》

1918年夏，14岁的邓小平以优异成绩考入广安县立中学，这是广安县城当时最高的学府。

广安中学开设的课程比高等小学又多了不少，学校教师中还有在广安的法国传教士。这是邓小平第一次近距离地接触"洋人"，"洋人"在课堂上讲的一些东西是他过去从没有听说过的。在广安中学读书期间，邓小平深受校长王宣彝和教务长曾正源的影响。"勤诚俭静"的校训品格融入他的血液，成为其一生的精神滋养。

广安中学当时广泛传唱着《满江红》，爱国名将岳飞英勇抗击外敌、精忠报国的故事深深影响着邓小平。直到60多年后，1983年2月游杭州栖霞岭下的岳王庙时，邓小平面对岳飞手书的《满江红》，仍无限感慨地说："我小时候就会唱《满江红》。"他看到秦桧等四个跪像时，还拉着外孙女的手，边看边指着说："英雄总为后人所纪念，坏人为后人所唾弃。"望着左边门柱上的对联，邓小平又对外孙女说："'青山有幸埋忠骨，白铁无辜铸佞臣'，很对呀！你们要像岳飞一样精忠报国才是。"

20世纪初的广安虽地域偏僻，但地处渠江畔，水路通达，每天有各种人员来往于广安与重庆之间，他们将重庆或者更远的外界信息带回来，使人们感受到世界的变

化。在县城读书的邓小平被外面的精彩所吸引，对外部世界充满强烈的向往。

外面的新思想可以通过各种途径传播到广安，陈独秀等创办的《新青年》杂志在当地也能看到，常常会引起广安中学师生们的热烈讨论。1918年前后，广安中学师生对"新青年"这个概念进行了一次大讨论，大家最后形成的共识是：新青年应是生理上健康活泼，精神上斩去做官发财思想，学习掌握一门本领，以自身创造自身的幸福，而不损害国家社会，内图个性之发展，外图贡献于其群。这场讨论和当年的新文化运动方向完全一致，邓小平也参与了其中，他和同学们的爱国热情都如渠江之水般汹涌激荡。

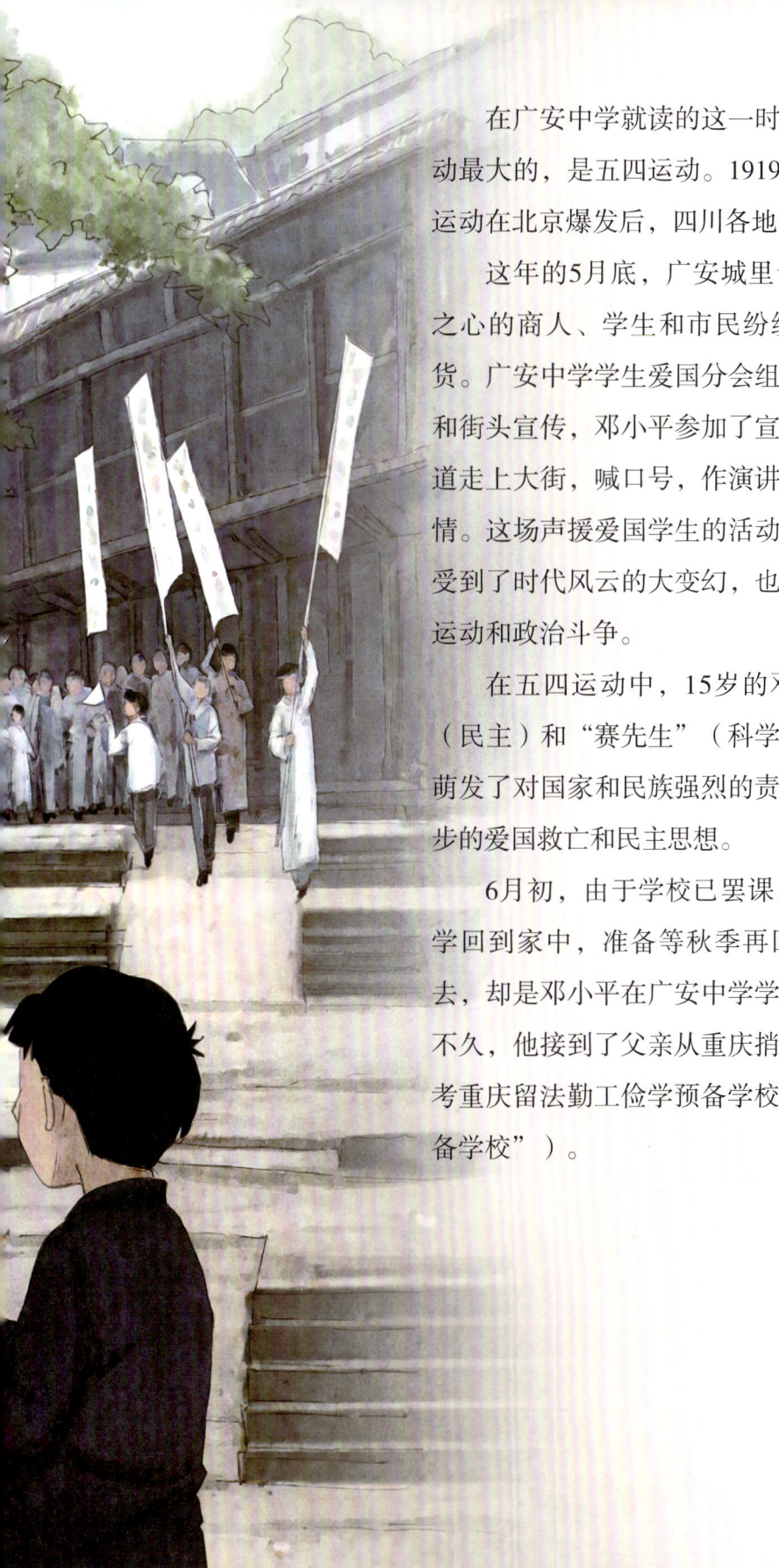

　　在广安中学就读的这一时期，对邓小平思想触动最大的，是五四运动。1919年，震惊中外的五四运动在北京爆发后，四川各地积极响应。

　　这年的5月底，广安城里十分热闹，具有爱国之心的商人、学生和市民纷纷上街游行，焚烧日货。广安中学学生爱国分会组织学生们游行、集会和街头宣传，邓小平参加了宣传组，和其他师生一道走上大街，喊口号，作演讲，表达自己的爱国热情。这场声援爱国学生的活动，让邓小平第一次感受到了时代风云的大变幻，也是他第一次投身群众运动和政治斗争。

　　在五四运动中，15岁的邓小平受"德先生"（民主）和"赛先生"（科学）两面旗帜的影响，萌发了对国家和民族强烈的责任感，逐渐产生了初步的爱国救亡和民主思想。

　　6月初，由于学校已罢课，邓小平离开广安中学回到家中，准备等秋季再回校上课。但这次离去，却是邓小平在广安中学学习生涯的结束。回家不久，他接到了父亲从重庆捎回的口信，让他去报考重庆留法勤工俭学预备学校（以下简称"留法预备学校"）。

27

第六章 道别，启航

1919年9月，邓小平如愿考进了留法预备学校。这所预备学校当时在重庆算是最高等的学校，考进去很不容易。再加上邓小平是在开学后稍晚才入校的，在广安只上了一年中学，而预备学校开设的课程内容又比较深，有法语、代数、几何、物理、中文和工业常识等，好些都没有学过。特别是法语，要在一年内基本掌握，对他来说就更不容易了。

学校的董事长是重庆商会会长汪云松，曾在清代做过四品道台。他十分欣赏邓小平有主见、有正义感，对邓小平提点有加、器重培养。

在留法预备学校紧张的学习之余，邓小平还关注社会动态。在学校同学会的组织下，他多次和同学们走上街头，举行游行、集会、演讲、散发传单，以及抵制日货。

邓小平入学后两个月，也就是1919年11月，他参加了抵制日货的示威活动，抗议重庆警察厅厅长挪用公款购买并拍卖日货的行为。这场抗议活动参加的学生有1000多人，年轻学子们声势浩大、斗志高昂，请愿抗议持续了两天一夜，还得到了重庆市民的声援。这场斗争不仅进一步激发了邓小平的爱国热情，而且坚定了他的工业救国的思想。

一年的学习很快结束，邓小平完成了学校规定的学业顺利毕业。1920年7月4日，邓小平等83名学生通过了法国驻重庆领事馆的口试和体检，被批准赴法。儿行千里母担忧，邓小平匆匆回家，与家人告别。他带上父亲变卖田地、东拼西凑的200元钱和学校董事会补助的100元，凑足300元，离开了广安。这一走，竟成了和父母的永别。1926年，母亲病逝时，邓小平远在莫斯科学习革命知识；1936年，父亲去世，邓小平正在长征路上艰难跋涉。终其一生，他再没能回到滋养他的故土广安，没能回到那充满亲情的农家小院，没能见到挚爱的父母双亲。

少年胸有凌云志，满腔热血报祖国。山河破碎，唯有学好本事，才是出路。1920年8月27日下午3时，16岁的邓小平和同学们在重庆朝天门码头登上一艘叫"吉庆号"的客轮，沿着长江破浪东下，于9月5日到达上海。短暂停留5天后，在一场倾盆大雨中，邓小平和同学们又登上了法国邮轮"盎特莱蓬号"，启程前往法国。

　　怀着对未来的憧憬，怀着对知识的渴望，16岁的邓小平犹如展翅的雏鹰，就要在长空翱翔。法国，迎接他的，会是什么呢？

第七章 第一张工卡

在五四运动的影响下，民族开始觉醒，救亡成为共识。一群胸怀报国之志的进步青年远赴法兰西，努力追求真理，寻找改造中国的方法和途径。邓小平是其中的一个。20岁的聂荣臻给父母留下了"学不成，死不归"的誓言，这也道出了留法青年共同的心声。

1920年9月，16岁的邓小平怀揣着工业救国的理想，冲出夔门，走向世界。在法国巴耶中学仅仅学习了5个多月，邓小平就因缴不起学费，被迫辍学。他开始四处寻找工作，为生计发愁。第一次世界大战后的法国，经济萧条，大批退伍士兵找工作都难，这些中国青年更是毫无优势，不少人颠沛流离、客死他乡。离家时的踌躇满志，旅途中的憧憬，求学的期望，此刻全部化为泡影。

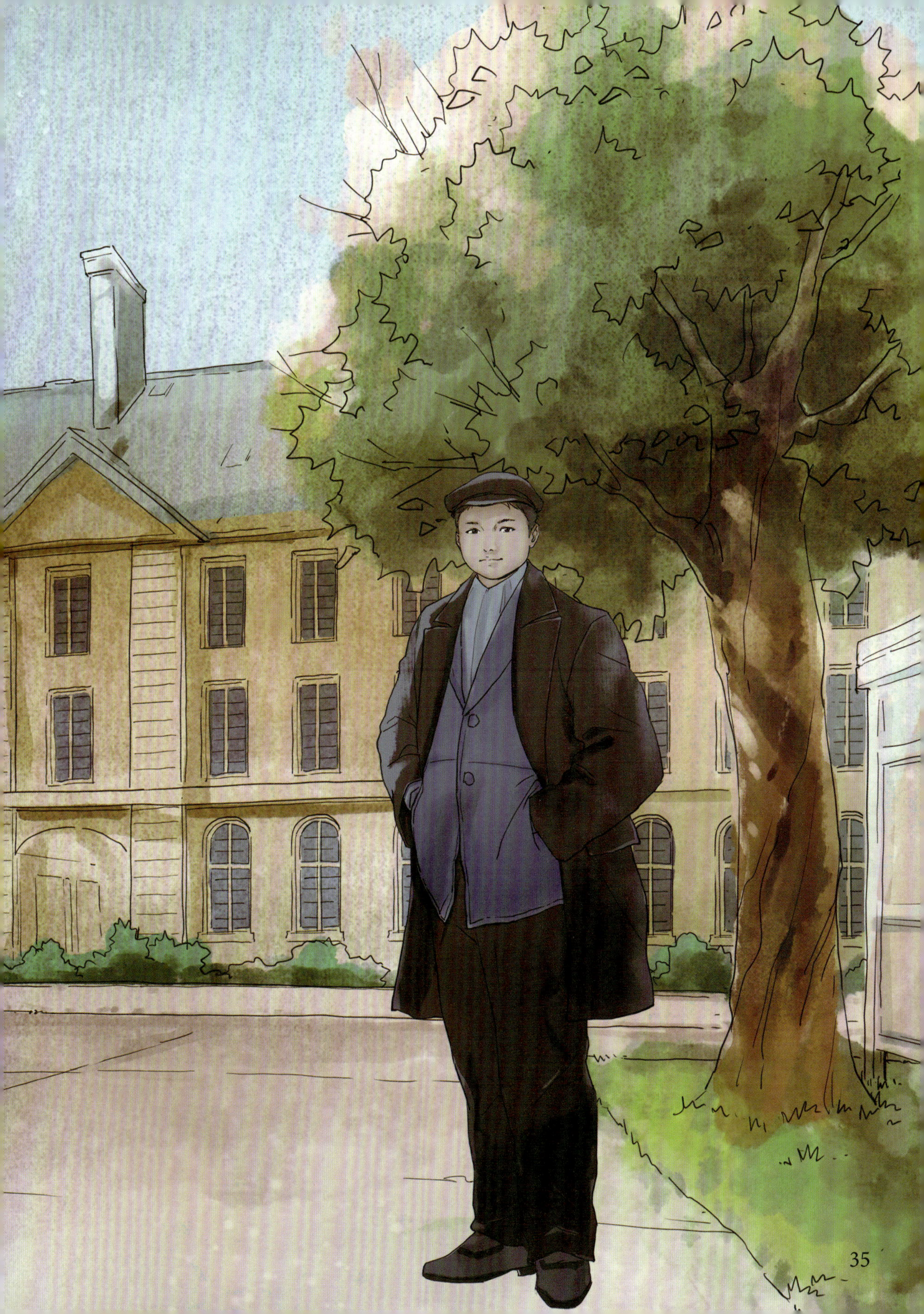

为了维持生计和积攒学费，邓小平来到了法国南部的施耐德钢铁厂做轧钢工。在工厂做工，自然要有工卡。邓小平的工卡号是07396，服务部门是轧钢车间，工种为杂工，日薪6法郎60生丁。这张小小的工卡，开启了邓小平从懵懂单纯的爱国青年到成熟的马克思主义革命者的蜕变之旅。

这是他在法国找到的第一份工作，这项工作劳动强度很大，又非常危险，一周要在40多摄氏度的高温车间里劳动50多个小时。工人们用长铁钳拖着几十斤、上百斤烧红了的钢铁往前跑，稍有不慎全身就会被烫伤。让邓小平更为担心的是，每天的辛苦工作换来的6法郎60生丁，只能买两个牛角面包，喝自来水下咽。21天后，由于体力不支，不堪重负的他被迫辞掉了这份工作。

辞工后的邓小平，还做过饭馆招待、制鞋工、钳工、清洁工、火车站码头搬运工等一些社会最底层的体力劳动。

留法的初衷，在现实面前被抛得越来越远。从16岁到21岁，法国五年的艰苦勤工生活，不仅没有为他换来重回校园的机会，反而要时常面临失业、饥饿等困境，救亡图存的路在哪里？他深刻认识到，浪漫的法兰西不是人间天堂，贪婪的资本主义不是救国良方。

SCHNEIDER & CIE
N° DU DOSSIER 2175
N° D'INSCRIPTION
Nationalité : Chinois
N° DU SERVICE 2796

SERVICE DU PERSONNEL OUVRIER
BUREAU D'EMBAUCHAGE

Nom et Prénoms : Teng Hi Hien
Date d'inscription : 2 avril 1921
Âge : 16 Taille :
État civil : C. Enfants :
Lieu de naissance : Chung King – P.ce de Setchouane
Domicile de l'ouvrier :
Domicile de la famille :
Membres de la famille occupés à l'Usine :
Service militaire :
Profession : Étudiant
Emploi demandé :

SERVICES ANTÉRIEURS ET RENSEIGNEMENTS DIVERS

fils de Teng Wing Muy et de Caï
Envoyé par le Comité des œuvres sino-
franco-belge à Chambéry

AVIS DE LA DIRECTION
2 AVR. 1921

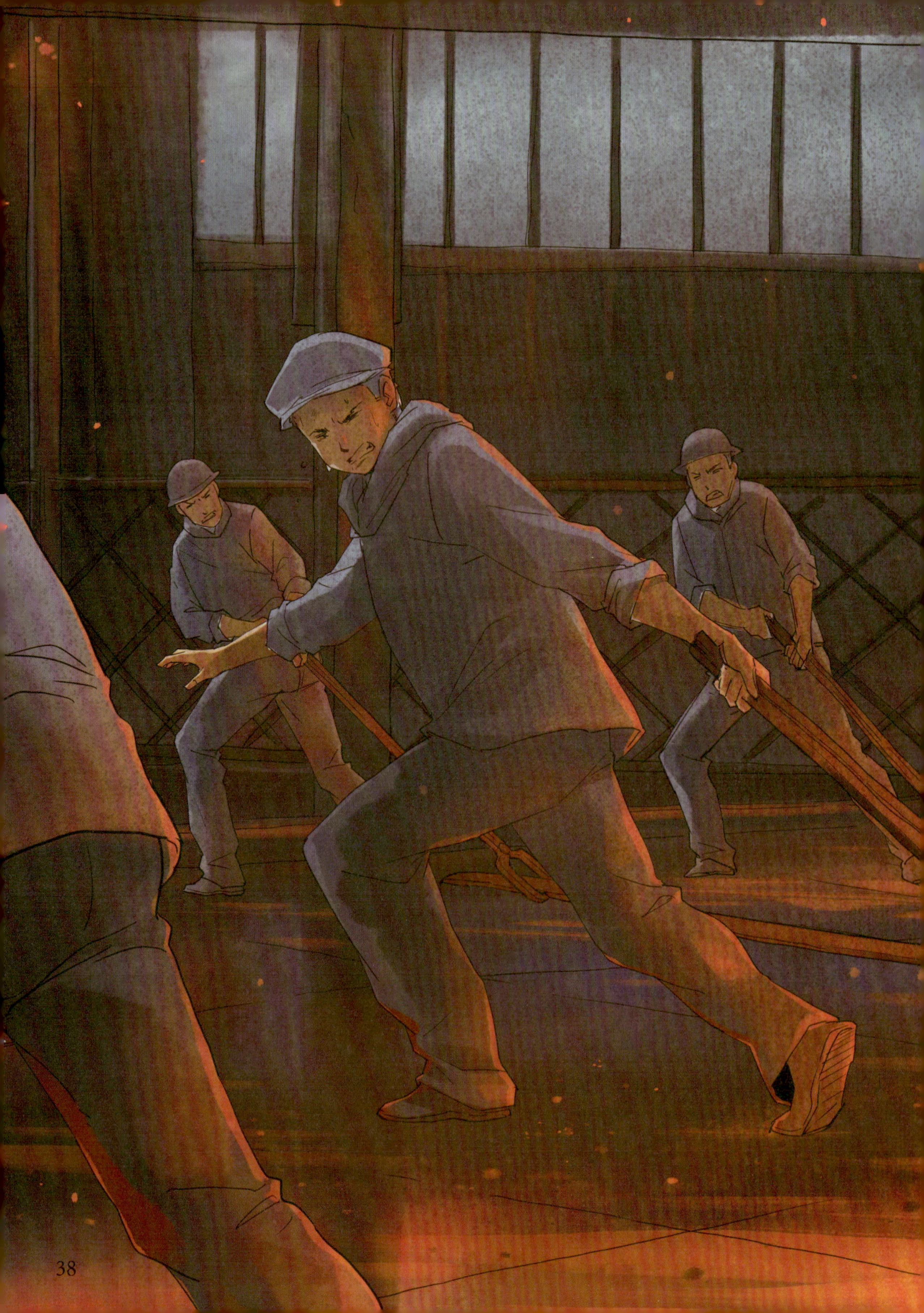

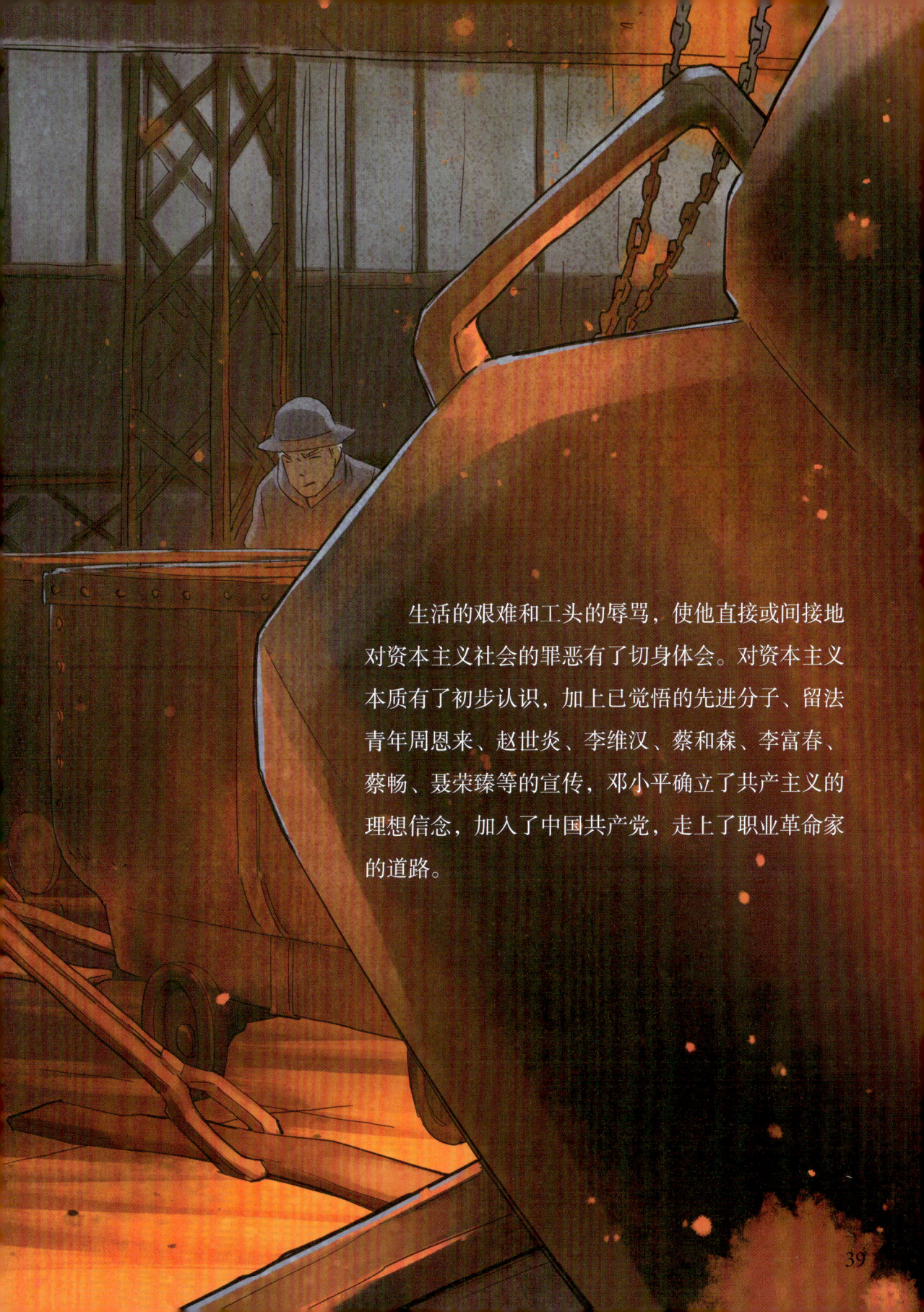

生活的艰难和工头的辱骂，使他直接或间接地对资本主义社会的罪恶有了切身体会。对资本主义本质有了初步认识，加上已觉悟的先进分子、留法青年周恩来、赵世炎、李维汉、蔡和森、李富春、蔡畅、聂荣臻等的宣传，邓小平确立了共产主义的理想信念，加入了中国共产党，走上了职业革命家的道路。

第八章 《赤光》之下

1921年7月23日，中国共产党在上海成立。这是中国开天辟地的大事件。海外的革命青年也加紧联合，团结在党的旗帜之下。1922年6月，旅欧共产主义青年组织在法国巴黎西郊举行大会，成立了旅欧中国少年共产党，次年2月改称旅欧中国共产主义青年团。会议选出中央执行委员会，赵世炎为书记，周恩来负责宣传，李维汉负责组织。8月1日，机关刊物《少年》创刊，主要任务是传播共产主义学理，阐述建党建团的意义，译载马克思和列宁的著作。赵世炎、周恩来等都曾在上面发表文章。

1923年6月，邓小平来到法国巴黎，在周恩来的直接领导和帮助下，参加了《少年》的编辑工作，成为编辑部里最年轻的成员，担负起传播共产主义、团结旅欧青年的重任。起初他是"半脱产"，白天去工厂做工，晚上到编辑部负责刻蜡版和油印。周恩来把改好的稿件交给他，他会一笔一画地刻写在蜡纸上，然后用一台简陋的印刷机印出。邓小平和周恩来经常工作到深夜，常常在编辑部的小房间里一起打地铺。周恩来稳健潇洒、朝气蓬勃，邓小平很敬重这位年长6岁的同志和领导，耳濡目染，从他身上学到了许多东西。从此开始了他们长达半个多世纪的深厚友谊。

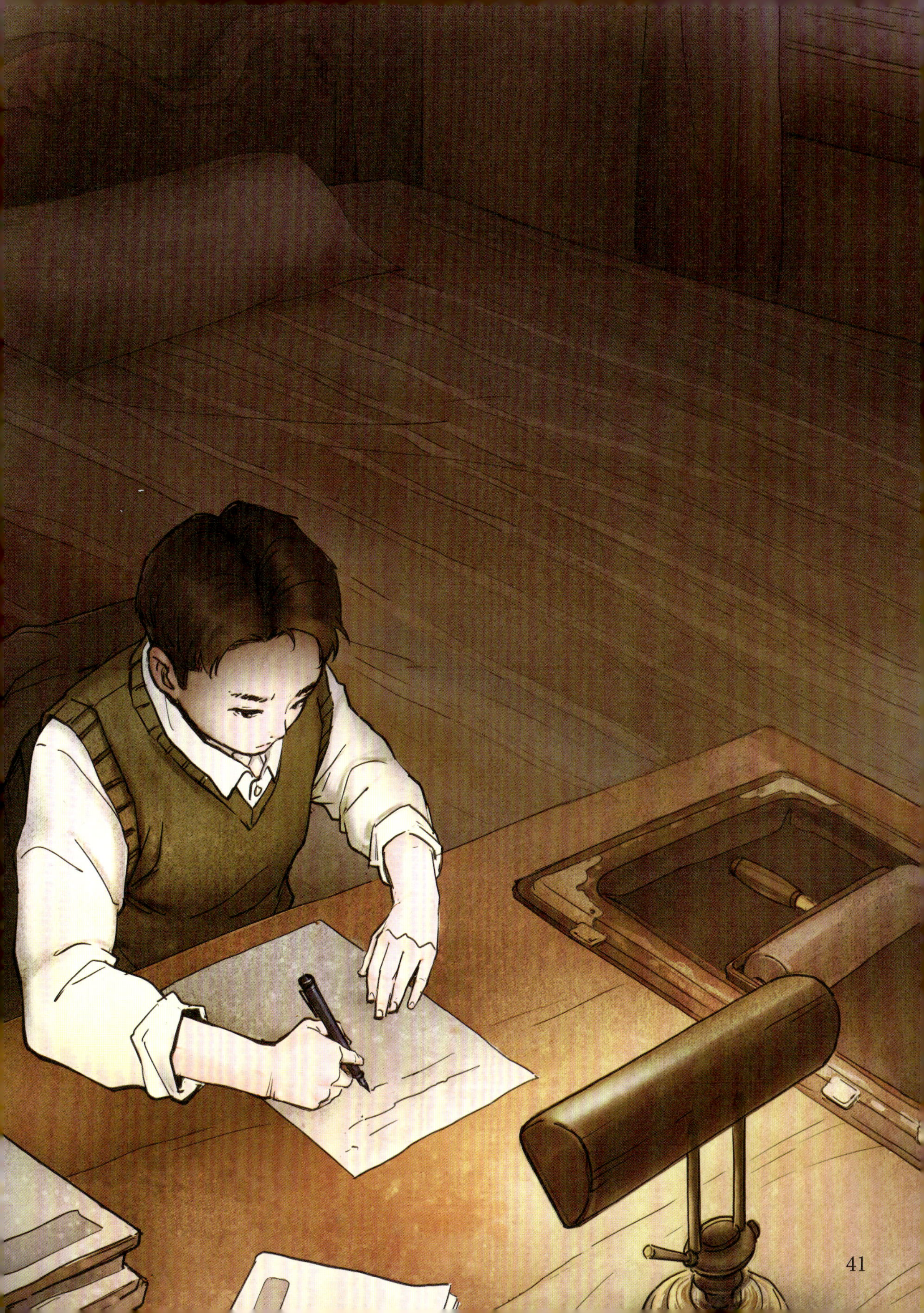

1924年1月，中国国民党第一次全国代表大会在广州举行，制定了反帝反封建的政治纲领，宣告了国共两党统一战线的正式建立。为配合国内形势，2月1日，《少年》改名为《赤光》出版，要"改理论的《少年》为实际的《赤光》"，"反军阀政府的国民联合，反帝国主义的国际联合"。他们在法国多次进行反帝、反法斗争，显然在帝国主义国家反对帝国主义，是很需要勇气的。

　　邓小平勤勤恳恳的工作态度给同志们留下了深刻的印象。他的大部分时间是在搞刻蜡版、油印、装订工作，他的字既工整又美观，印刷清晰。邓小平还因此得到"油印博士"的美誉。

　　在邓小平和一众革命者的共同努力下，《赤光》办得生动活泼、形式多样，文章短小精悍、切中时弊，深受欢迎，被旅欧华人盛赞为"我们奋斗的先锋"。邓小平也撰写了大量文章发表在《赤光》。在那个5平方米的编辑部里，他和同志们开会、讨论、写稿、油印，工作起来通宵达旦，彻夜不眠。满腔热血的邓小平将手中的蜡版、钢笔"做匕首、做投枪"，以《赤光》为阵地，发表充满激情的战斗檄文，同帝国主义和封建军阀进行英勇无畏的斗争。一篇篇激扬的文字，也坚定了他们一生的革命信仰。

43

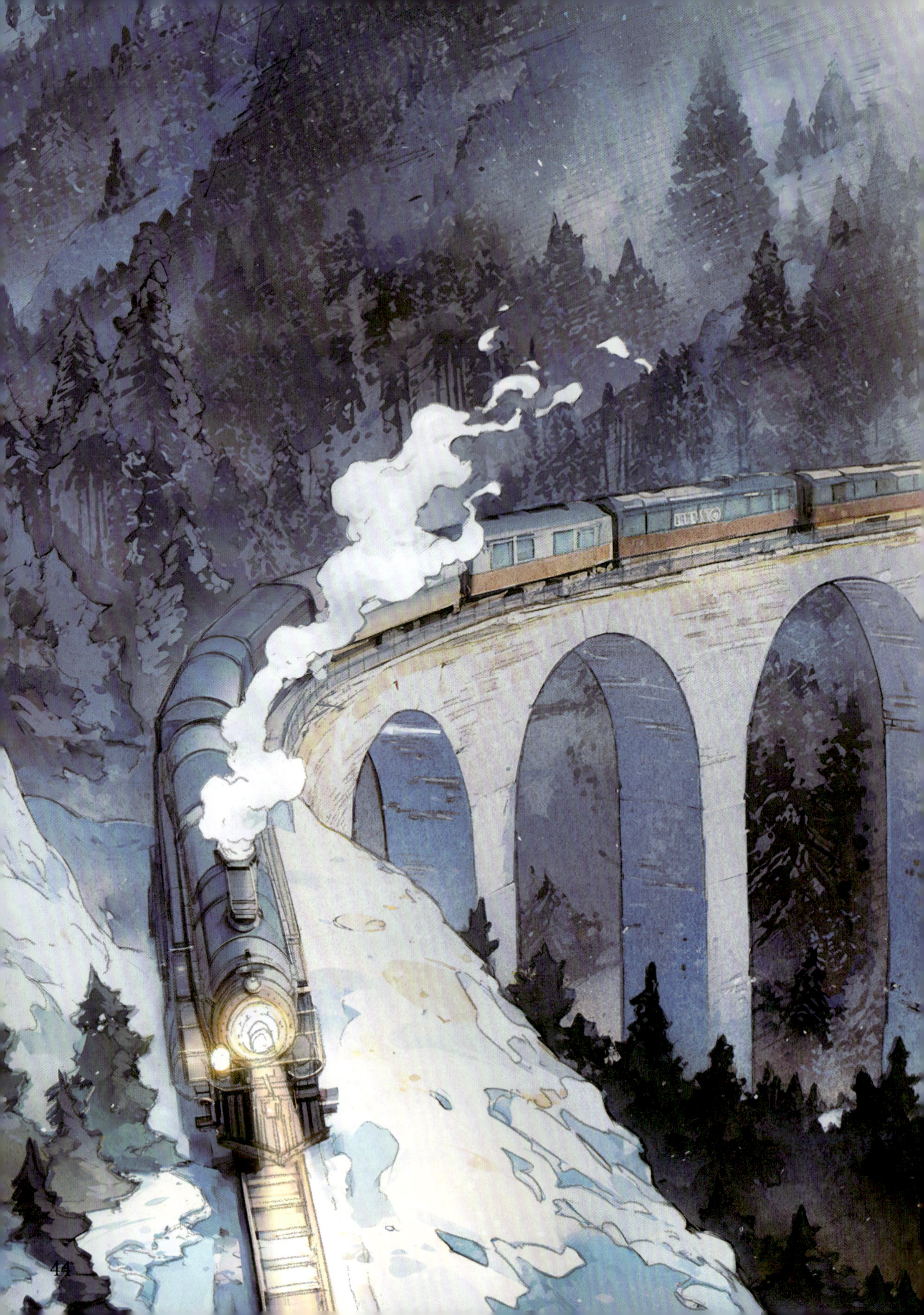

第九章 "来俄的志愿"

1926年1月7日,受中共旅欧支部派遣,邓小平、傅钟、李卓然、邓绍圣等20人在夜色掩护下,乘火车离开法国前往苏联求学。

1月17日,邓小平抵达莫斯科,先后就读于莫斯科东方大学和莫斯科中山大学。对于到苏联学习,邓小平十分珍视,可以说盼望已久,这也是他一生中唯一一段接受正规高等教育的快乐时光。

学校给每位新来的同学发放了全套的生活用品,并分配了宿舍。衣食住行全由学校供给,每月还有津贴25卢布。学期设置为2年,学生每周上6天课,每天8个小时。学校注重启发式教育,教授用俄语先讲课,有中文翻译,然后学生提问,教授解答;再由学生开讨论会,自由辩论;最后教授作总结发言。邓小平与张闻天、杨尚昆、左权、乌兰夫、傅钟、邓绍圣等许多优秀学员共同学习过。

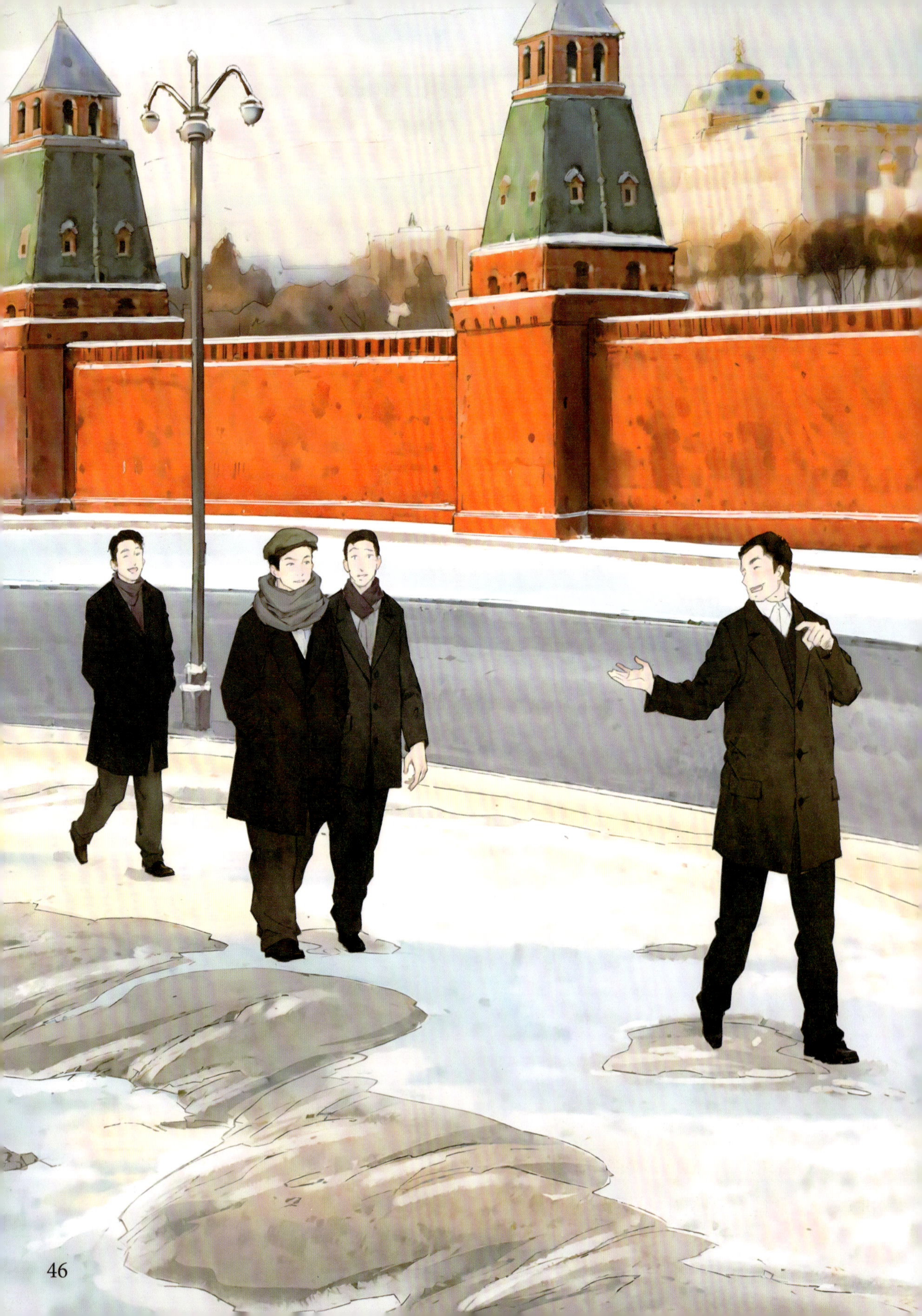

冬天的莫斯科很美，这里银装素裹，莫斯科河结着厚厚的冰，犹如一条银白色的缎带。邓小平和同学们经常一起散步，他性格爽朗活泼，爱说爱笑，富有组织才能和表达才能。一次，同学问邓小平："你们干吗老围着一条大围脖？"邓小平说在法国留学的中国学生常去当清洁工，尤其是捡马粪，因为在法国就数捡马粪挣钱多，干一天能满足一个星期的花销，最划得来。法国的清洁工都围那么一条围巾，因此，他们每人也有那么一条。原来，他们是以曾当过清洁工人而自豪啊！

　　在入学时，根据组织要求，邓小平撰写了一份自传。在自传的第四部分"来俄的志愿"中他写道：

　　"我过去在西欧团体工作时，每每感觉到能力的不足，以致往往发生错误，因此我便早有来俄学习的决心。不过因为经济的困难，使我不能如愿以偿。现在我来此了，我便要开始学习活动能力的工作。

　　"我更感觉到而且大家都感觉到我对于共产主义的研究太粗浅。列宁说：'没有革命的理论，便没有革命的行动；要有革命的行动，才能证验出革命的理论'。由此，可知革命的理论于我们共产主义者所必须的。所以，我能留俄一天，我便要努力研究一天，务使自己对于共产主义有一个相当的认识。

　　"我还觉得，我们东方的青年，自由意志颇觉浓厚，而且思想行动亦很难系统化。这实于我们将来的工作大有妨碍，所以我来俄的志愿，尤其是要来受铁的纪律的训练，共产主义的洗礼，使我的思想行动都成为一贯的共产主义化。

　　"我来莫的时候，便已打定主意，更坚决的把我的身子交给我们的党，交给本阶级。从此以后，我愿意绝对的受党的训练，听党的指挥，始终为无产阶级的利益而争斗！"

　　青年时期的邓小平就严格按照共产主义者的标准来塑造自己，把为党和人民的事业顽强奋斗作为最执着的人生追求，为党和人民奉献终生。

　　邓小平的俄文名字叫多佐罗夫，学生证号233。他在《党员批评计划案》中，表示自己"守纪律"，对功课"很有兴趣"，"从未缺席"党的大会和组会，与同志们的关系"密切"，同时认为自己通过"努力学习可以影响他人"，"对党的认识很有进步"，"能在团员中树植党的影响"，"能做宣传和组织工作"。

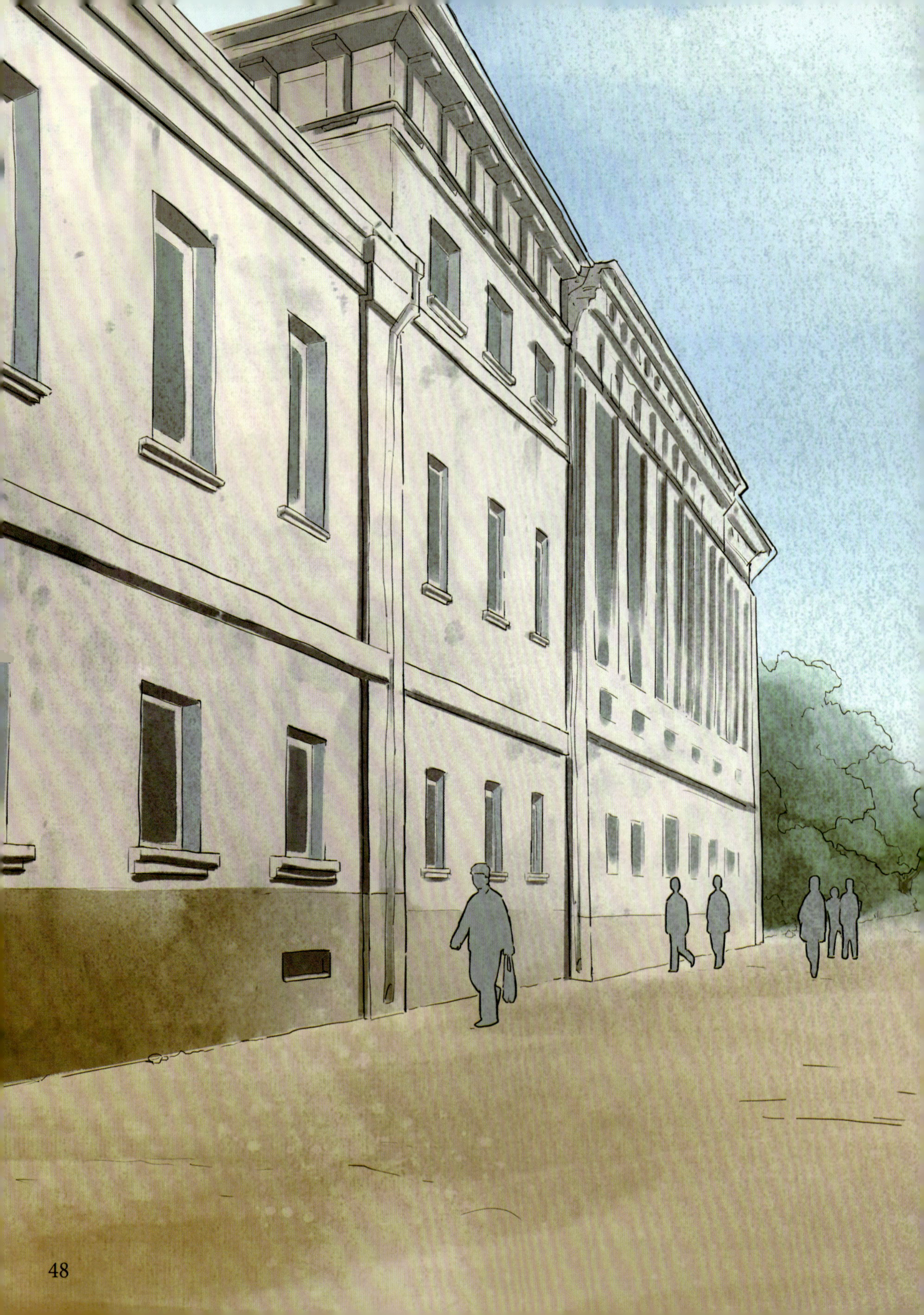

邓小平在莫斯科中山大学广泛深入地潜心学习了一年，认真钻研了马克思列宁主义基本理论，比较系统地学习了国际共产主义运动的发展史、中国革命运动史、社会形态发展史、哲学（辩证唯物主义与历史唯物主义）、政治经济学等课程，其理论水平和对中国革命基本问题等的认识，都大大提高了，奠定了他以后回国从事革命工作所必需的理论基础。

邓小平很注意学习方法，他后来说，"学马列要精，要管用的"，把书本上的知识运用于解决问题、服务工作。在校期间，他经常参加辩论，他犀利的词锋、卓越的辩才得到大家的赞赏，获得"小钢炮"的绰号。学校还有一门重要课程是军事训练，邓小平在这里学会了发射迫击炮。

莫斯科中山大学给邓小平的鉴定是："非常积极，有能力，是一名优秀的组织工作者。守纪律，沉着坚定。学习优秀，党性强。"这份鉴定书，为我们勾勒出了一个22岁的年轻共产党员的基本形象。

第十章 "吊起脑袋干革命"

1926年3月,冯玉祥在李大钊的安排下访问苏联,并于5月抵达莫斯科。冯玉祥向共产国际提出正式要求,希望从莫斯科中山大学和莫斯科东方大学中选拔一批优秀学员到国民军中开展政治工作。最后,中共中央经与中山大学、东方大学商议选出了20多位学员,前往冯玉祥的部队做政治工作,其中就包括邓小平。

从1920年出国求学,辗转法国、苏联,6年多的时间,邓小平历经成长的苦难与追寻的艰辛,最终选择了拥抱革命,选择了马克思主义的信仰,选择回国投身国内革命洪流。

1927年春,邓小平到达西安,到冯玉祥的国民军联军担任中山军事学校政治处处长兼政治教官,同时兼任该校共产党组织的书记。除负责政治工作外,他还兼讲政治课。邓小平知识丰富,讲课深入浅出,生动活泼,风趣幽默,操着浓重的四川口音,还不时地打着手势,富有感染力。他要求每个革命军人应遵守革命纪律,养成吃大苦、耐大劳,英勇善战的精神。

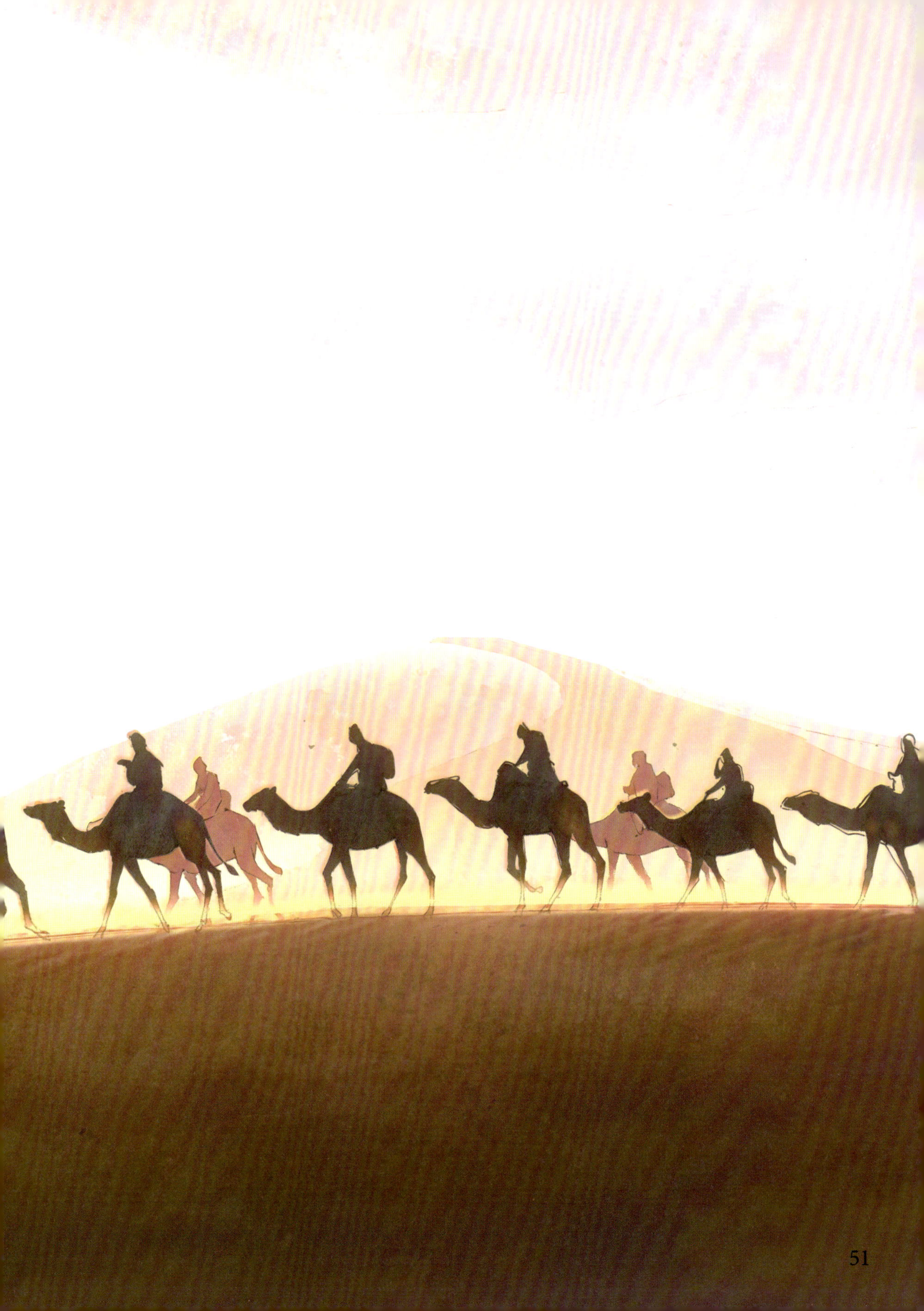

在邓小平等一大批共产党人的共同努力下，西安中山军事学校办得有声有色、朝气蓬勃，被人们誉为"西北黄埔"。正当一大批共产党员在国民军联军中积极工作的时候，中国政局发生突变。

1927年4月12日，蒋介石在上海悍然发动反革命政变。大革命失败了，许多革命人士被杀害。

面对反动派的血腥屠杀，年轻的中国共产党和中国人民没有被吓倒、被征服，而是继续顽强战斗。

6月底，邓小平离开西安，前往武汉。在武汉汉口，邓小平被安排在中共中央机关工作，担任中央秘书。他参加了八七会议，在会议上第一次见到毛泽东，并听到了"枪杆子里出政权"的著名论断。10月，邓小平同中共中央机关一起，从武汉迁往上海。12月，邓小平开始担任中央秘书长，在严酷的白色恐怖中从事地下工作。

为了掩饰身份，邓小平当过杂货店老板、古董店老板。后来邓小平回忆说：

"我们在上海做秘密工作，非常艰苦，那是吊起脑袋在干革命，我们没照过相，连电影院也没去过。我在军队那么多年没有负过伤，地下工作没有被捕过，这种情况是很少有的，但危险经过好几次。

"我同周恩来、邓大姐、张锡瑗住在一个房子里。那时我们特科的工作好，得知巡捕发现了周住在什么地方，要来搜查，他们通知了周恩来，当时在家的同志就赶紧撤了，但我当时不在，没有接到通知，不晓得。里面巡捕正在搜查，我去敲门，幸好我们特科有个内线在里面，答应了一声要来开门。我一听声音不对，赶快就走，没有出事故。以后半年的时间，我们连那个弄堂都不敢走。"

53

中國紅軍第七軍第一縱隊第一營第四連

大革命失败以后，中国共产党为了挽救革命，发动了一系列的武装起义。1929年夏，25岁的邓小平化名邓斌，作为中共中央代表前往广西，任中共广西前敌委员会书记，开始独立地领导一个地区的工作。邓小平同张云逸等于1929年12月发动百色起义，创建了红军第七军和右江革命根据地。1930年2月发动龙州起义，建立了红军第八军和左江革命根据地。邓小平任红七军、红八军政治委员和前敌委员会书记。在邓小平、张云逸等的领导下，广西红军很快发展到7000多人，红色区域扩展到20多个县，拥有100多万人口，左右江革命根据地成为中国当时较大的革命根据地之一。

邓小平从青少年时代起，便树立起坚定的理想信念，并以全部的热忱忠诚地为争取中国独立和社会主义事业作出了巨大贡献。正是凭着坚定的理想信念和乐观主义的精神，他始终目光远大、胸襟开阔，担当实干、从不消沉。他为中华民族独立、繁荣、振兴和中国人民解放、自由、幸福奋斗的辉煌人生和伟大贡献，将永远书写在祖国辽阔的大地之上。

青少年时期邓小平 大事年表

1904年

8月22日，出生于四川省广安县协兴场牌坊村，取名邓先圣。

1909年

进私塾读书，接受中国传统的启蒙教育，学名邓希贤。

1910年

入协兴场北山小学堂学习。

1915年

考入广安县立高等小学堂学习。

1918年

考入广安县立中学学习。

1919年

秋，考入重庆留法勤工俭学预备学校，参加抵制日货、声讨卖国贼活动。

1920年

赴法国勤工俭学。10月，入诺曼底区巴耶中学学习。

1923年

6月，加入旅欧中国共产主义青年团。

1924年

7月16日，转为中国共产党党员。

1926年

年初，离开法国去苏联，先后在莫斯科东方大学、莫斯科中山大学学习。

1927年

春，离苏回国，受中共派遣，到冯玉祥的国民联军所属西安中山军事学校工作。

7月，随中共中央机关辗转于汉口、武昌。

10月，随中央机关迁往上海。

12月，任中共中央秘书长。

1929年

夏，化名邓斌，以中共中央代表身份前往广西，领导党的工作，准备武装起义。

10月，任中共广西前敌委员会书记。

12月，在广西组织发动百色起义，创建红七军，任政治委员和前委书记。

1930年

2月，组织发动龙州起义，创建红八军，兼任政治委员。领导创建了左右江革命根据地。